ET SI C'ETAIT MOI

SOMMAIRE

INTRODUCTION

CONFIANCE EN SOI..1 à 8
EXPLICATIONS CONFIANCE EN SOI...9

PREPARATION MENTALE..10 à 17
EXPLICATIONS PREPARATION MENTALE............................18

AMELIORATION DU SOMMEIL..19 à 26
EXPLICATIONS AMELIORATION DU SOMMEIL..................27

GESTION DE LA PHOBIE..28 à 36
EXPLICATIONS GESTION DE LA PHOBIE.............................37

GESTION DE LA COLERE...38 à 45
EXPLICATIONS GESTION DE LA COLERE............................46

CONCLUSION ET REMERCIEMENTS
REFERENCES..47

INTRODUCTION

Vous aimez le style poétique, théâtrale ?
Vous vous demandez à quoi sert la sophrologie ? Comment se passe une séance ? Quel est le but de la sophrologie ?

Ce mélange littéraire va vous permettre de rentrer dans le monde de la Sophrologie.

Par cet ouvrage, je vous présente cinq histoires de cinq personnages avec différentes situations de la vie quotidienne.

Au fil des histoires, un protocole de sophrologie, se déroule du début à la fin. Vous allez découvrir les émotions, les phases, l'évolution des personnages.

Je parle avant tout des obstacles de la vie qui peuvent freiner, reculer la construction d'une existence.

Grâce à la sophrologie, les personnages se développent positivement.

Finalement, à travers eux...
Et si c'était vous ?

Marie LUMINEAU

CONFIANCE EN SOI

Nous sommes le 24 octobre, Nicolas un jeune étudiant à l'université de Nantes, en droit, croise son meilleur ami.

Nicolas : « Hey, salut Thibault ! Comment vas tu ?
Ça fait longtemps que je ne t'ai pas vu !

Thibault : Nico ! Tout va bien ce matin et toi ?
C'est vrai que ça fait un bout de temps ma foi.
Ton été s'est bien passé à Bordeaux ?
Et ta rentrée à l'université n'a pas pris l'eau ?
Avec un air ironique

Nicolas : Tu as toujours la vanne qui vaut deux sous.
Mon été ? Je l'ai passé à réviser comme un fou
Je suis dans les révisions du code de la route,
Mais j'appréhende déjà l'examen de conduite.
Je voudrais tellement ne pas faire de fausse route,
Et je n'ai qu'une envie c'est de prendre la fuite.

Thibault : Arrête de te prendre la tête maintenant
Et révise ton code tout simplement.
Sinon tu n'as pas fini de stresser tout ta vie,
Si tu angoisses à chaque jugement d'autrui ! »

Nicolas baisse la tête et acquiesce les propos de Thibault. Il sait qu'il a des difficultés à réaliser certaines étapes de la vie.
Une fois la journée finit, il rejoint Thibault chez lui à cinq minutes de l'université.
Les deux jeunes hommes prennent un café et continue de discuter.

Nicolas :« Je commence à me poser des questions.
Est ce la bonne voie professionnelle ?
Ne devrais je pas changer de direction
Et prendre le choix qui me donnera des ailes.

Thibault : Comment ça ? Tu veux arrêter le droit ?
Dans ces cas là, tu veux faire quoi ?
Tu es tombé sur la tête ma parole
T'en as d'autres des idées aussi folles !

Nicolas : Tu as peut-être raison, je ne sais pas,
J'ai perdu la tête ou peut-être pas.
Je ne me sens pas à l'aise dans le droit,
Comme si je n'étais pas assis au bon endroit.

Thibault : Ne t'inquiète pas, c'est ta première année
Et puis ça nous change surtout du lycée.
Toi qui cherche à être autonome,
Nous voilà indépendant.
Toi qui cherche à être un homme,
Nous voilà vivant !

Nicolas : Justement ! Ce que je veux c'est être vivant,
Aller sur mon chemin qui donne l'envie de l'avant.
Ne pas faire les choses comme les autres,
Et pouvoir réaliser mes rêves d'enfant.
Je cherche à bâtir une vie sans fautes,
En me levant le matin avec un visage souriant.

Thibault : Alors là, je ne te suis plus.
Pourquoi toutes ces questions ?
Je suis à court de réflexion,
Je suis vraiment perdu.

Nicolas : Moi aussi je suis vraiment perdu.
J'ai que 19 ans et je suis abattu.
Pourquoi la vie est si compliqué ?
Où est la notice d'emploi pour fabriquer,
Notre avenir sans trop d'obstacles,
Et éviter de se prendre des claques. »

Un silence envahit le salon de Thibault, les deux tasses sont vides autant que leurs yeux. Ils sont les meilleurs amis du monde et aujourd'hui ils ne se comprennent plus.

Quelques jours plus tard, Thibault a parlé à l'un de ses professeurs des pensées de Nicolas. Ce professeur, Monsieur LUJO, convoque Nicolas dans la salle des profs.

Mr LUJO :« Nicolas, je t'ai convoqué aujourd'hui,
Car Thibault s'inquiète pour toi.
Il m'a parlé de tes inquiétudes et envies,
Et que tu voudrais changer de voie.

Nicolas :Je suis angoissé par l'avenir, le futur.
Aujourd'hui, j'ai l'impression d'être au mauvais endroit.
Je comprends aussi que la vie est dure
Et qu'il faut savoir faire les bons choix.
Demain je passe le code, un nouveau examen,
J'ai peur de faire une erreur qui me coûterait.
Et pour le coup, j'ai très peu de moyen,
Il faut que je commence à travailler.

Mr LUJO :Il y a des aides financières pour le permis.
Tu as le droit aussi d'en avoir les outils.
Et de pouvoir réaliser tes études sans soucis !

Nicolas : C'est exactement dans le cas où je suis.
Je perçois cette aide, mais si je loupe le permis,
Et bien les autres heures sont pour moi.
Et financièrement je n'ai pas le droit.

Mr LUJO :Connais tu Madame MARINEAU ?

Nicolas : Non pas du tout, qui est ce ?

Mr LUJO : Il s'agit de la sophrologue de l'université.
Je pense qu'elle pourra t'aider.

Nous sommes le jour J de l'examen de conduite. Nicolas rentre dans la salle transpirant d'angoisse puis prend place à l'endroit où il doit passer son code de la route. Il prend la télécommande, ce boîtier permettant de répondre aux questions, puis tête baissé, il essaye de se concentrer autant que possible. C'est parti ! La première question commence et Nicolas reste fixé sur l'écran sans arriver à lire la question. La question passe et Nicolas n'a pas répondu. Il se réveille d'un coup, puis répond à chaque question jusqu'à la fin. Il ne comprend pas ce moment de panique. Il reste assis jusqu'à...

L'examinateur : Nicolas D. venez jusqu'à ma table, c'est à votre tour.

Nicolas se déplace, son visage devient rouge, les mains sont moites, il s'avance doucement avec un air inquiet.

Nicolas : Oui, c'est moi, Monsieur.

L'examinateur : Vous avez 37 bonnes réponses, félicitations !
Vous avez réussi votre examen, fiston.

Nicolas sort de la salle, heureux ! Il était certain de ne pas réussir et pourtant il a prouvé lui-même, le contraire. Il part en informer Thibault de suite et fêter comme il se doit cette réussite.

Nicolas : Eh mon pote, tu ne sais pas la dernière nouvelle !
Je reviens de mon examen de code, j'ai réussi !
Oh oui, pour cette journée c'est la plus belle,
Et je suis fier de te l'annoncer en premier, mon ami !

Thibault : Je suis super content pour toi, t'es un bon.
Tu vois qu'il n'y avait pas de quoi s'inquiéter.
Tu étais depuis un moment angoisser.
Et pourtant il n'y avait aucune raison !
Au fait, tu as vu Mr LUJO ?

Nicolas : C'est tout ? Tu n'as pas l'air plus heureux.
Je t'annonce une superbe annonce,

Et tu me résume comme un simple peureux,
Alors que je me défonce !
Tu es le premier à qui je le dis,
Je ne pensais pas à cette réaction.
Toi qui est mon seul et unique ami,
Je suis déçu de ta façon.
Et pour te répondre, oui je l'ai vu.
Il m'a parlé de Mme MARINEAU.
Je vais y aller à mes heures perdus,
Je n'ai rien à perdre, Thibault.

Thibault : Ne réagis pas de cette manière, Nicolas.
A mes yeux, il ne s'agit que d'un petit examen,
Et quand je l'ai passé, je n'étais pas comme toi.
J'y suis vraiment allé en mode serein.
Tu as raison d'aller voir Mme MARINEAU.
Parce que tes angoisses, tu dois les vaincre,
Et aller de l'avant en gardant le buste haut,
Et laisser sur le bas côté tes craintes.

Nicolas : Tu as sans doute raison,
Pourquoi je réagis de cette façon ?
J'ai rendez vous dans deux jours,
Même là encore, j'angoisse d'avance.
C'est fou, franchement ça me joue des tours,
D'avoir en moi, ce manque de confiance.

Deux jours sont passés et voilà enfin Nicolas dans la salle d'attente du cabinet de Mme MARINEAU. Il est tendu, se demande encore pourquoi il est là. Cette angoisse de la peur de l'inconnu l'envahit au fil des secondes qui passent. Quand tout à coup...

Mme MARINEAU : Monsieur D Nicolas

Nicolas se lève et s'approche doucement puis entre dans le cabinet. Il observe cet endroit relativement calme et reposant. Il voit une lumière tamisante, un diffuseur d'odeur... une ambiance relaxante.

Mme MARINEAU : Installez vous sur la chaise,
Je vous invite à vous mettre à l'aise.
Cette première séance va permettre,
De mieux nous connaître.
Avant de commencer à réaliser le bilan,
Avez vous des questions dans un premier temps ?

Nicolas : C'est quoi la sophrologie ?

Mme MARINEAU : Je m'attendais à votre question,
Je vais vous l'expliquer simplement
Sans aller dans le fond des explications,
Mais de manière très succinctement.
La sophrologie littéralement signifie
Science et esprit harmonieux,
Inspirée de procédés précis
Elle permet aussi d'être heureux.
A la fois d'un usage thérapeutique
Et d'un usage de développement personnel,
Ce n'est pas systématique
Mais permet de se connaître en tant que tel.
Connaître son corps et son esprit,
Donne lieu de contrôler ses émotions.
En fonction des obstacles de la vie,
Vous serez gérer vos altérations.

Nicolas : Effectivement, je ne connaissais pas.
En quelques mots, j'ai enfin une représentation,
Et comment puis-je faire pour gérer mes émotions ?
Et avancer dans la vie, sans faire de faux pas.

Mme MARINEAU : Très bien, nous allons commencer.
Je vais réaliser avec vous un petit bilan,
Ils s'agit d'un petit laps de temps.
Où je vais vous questionner.
Je vous demanderais de répondre honnêtement.
Mon métier est conduit par un code de déontologie,

> Le secret professionnel est dominant,
> Et rien ne sort de mon bureau, d'ici.

Les premières questions défilent et Nicolas devient de plus en plus à l'aise. Il commence à lâcher prise. Il se rend compte qu'il n'est pas juger mais écouter.

> Mme MARINEAU : Maintenant, vous allez définir votre objectif.
> De manière précise en restant positif,
> Et le plus réaliste possible,
> Que voulez-vous atteindre comme objectif final ?

Nicolas passe environ un quart d'heure à déterminer son objectif. Il s'agit d'un moment particulier dans une première séance de sophrologie. En effet, c'est un moment important car cette phrase sera la clef pour que Nicolas puisse trouver les commandes de sa vie.

> Nicolas : Je veux être serein au quotidien.
> Voilà mon objectif à atteindre.
> Je sens que cette phrase me fais du bien,
> Comme si je commençais à peindre,
> Le tableau de ma renaissance.
> Et éloigner mes souffrances.

> Mme MARINEAU : Je viens de noter votre but final.
> Je détermine en vue de tous les éléments,
> Un protocole clair, précis et sans faille.
> Je vais déterminer la durée, à présent,
> Je partirais sur une moyenne de trois mois.

> Nicolas : Je vois que ce n'est pas pour demain.
> Et que j'ai encore du temps à attendre,
> Avant de pouvoir être serein.
> Mais je pense que c'est à laisser ou à prendre.

> Mme MARINEAU : Cette durée envisagée approximative,
> N'est pas dû au hasard mais à une raison précise.

Si nous partons ensemble sur quelques mois,
Et que je sépare les séances minimum d'une semaine.
C'est pour une prise de recul par rapport à soi,
Et que votre réflexion prenne une voie certaine.

Nicolas : Bien sur, je comprends qu'il faut du temps,
On est souvent pressé dans ce monde.
A moi, aujourd'hui, d'être patient,
Afin de prendre enfin la bonne direction.

Nicolas, inspiré par cette première séance, est enthousiaste à l'idée de continuer ce chemin qu'il a commencé à emprunter. Il n'aurait jamais pensé à assister un tel moment. Il n'avait aucune idée de ce que pouvait être la sophrologie.
Il en a parlé avec son ami et son professeur. Tout le monde est content pour Nicolas, ce jeune homme perdu dans son parcours de vie et qui avait besoin, à ce moment là, d'une boussole.

EXPLICATIONS DE LA PREMIERE HISTOIRE :

Pendant la première séance, le sophrologue propose deux grandes phases :

- La fiche de renseignements : Moment important permettant de cerner les différentes problématiques. Mais aussi, cette fiche permet de prendre du recul par rapport à la vie de la personne. A la conclusion de ce questionnaire, la personne détermine elle-même son objectif final qui sera le fil conducteur du protocole. Ce protocole sera établit à partir des éléments et de l'objectif smart mis en place lors de cette première séance. Cela permet aussi au sophrologue et à la personne d'envisager un nombre de séances à l'avance.
- La séance découverte : Moment qui permet à la personne de découvrir le cheminement d'une séance de sophrologie ainsi qu'une légère idée des exercices proposés en sophrologie.

Cette histoire met en avant, un problème quotidien : la confiance en soi. Les exemples sont nombreux : Manque de confiance en soi au travail, dans sa vie de famille, lors de la perte d'un être cher, lors de l'influence du regard des autres... Les raisons sont multiples.

Les symptômes physiques et psychiques se révèlent par des douleurs lombaires, des maux de ventre, une respiration bloquée, des difficultés à dormir...

Pour conclure, le manque de confiance en soi a de nombreux effets néfastes au quotidien. Il est un obstacle dans la vie de tous les jours. Grâce à la sophrologie, la personne apprend à gérer ses émotions, à s'affirmer, à prendre du recul, retrouver de l'énergie...

PREPARATION MENTALE

Isabelle, une femme de 40 ans, s'installe à une table du bistrot de son village. Elle attend patiemment son amie d'enfance, Hélène, comme tous les jeudis soirs :

Hélène : « Isa ! Je vais me garer et j'arrive !
Isabelle : Prends ton temps, va pas trop vite. »

Après quelques minutes, Hélène arrive en courant :

Hélène : « Excuse moi de l'attente pour me garer,
Avec ce beau temps, j'ai dû m'éloigner.
Alors comment vas tu depuis une semaine ?
Sans jeu de mot, ça baigne ?

Isabelle : Pas de problème, Hélène, je comprends,
Le stationnement, en ce moment, n'est pas évident.
Je suis heureuse du chemin que j'entreprends,
Même si ce changement n'est pas saillant.
Tu sais que j'ai vu une sophrologue, ce mardi.

Hélène : Ah bon ? C'est quoi une sophrologue ? C'est pour qui ?

Isabelle : Écoute, c'est mon entraîneur qui me l'a conseillé,
En m'expliquant que mentalement elle pouvait m'aider.
Je sais, je ne fais pas de grandes compétitions sportives.
Mais, dans 5 mois j'ai une grande compétition nationale
Et je voudrais, la gagner, ça ma paraît normal.

Hélène : Oh ! Mais je serais ravie de venir te voir !
Tu me donneras la date afin que j'organise,
Avec les filles, une équipe de supportrices !
Et faire une petite fête, ensemble, le soir !

Isabelle : C'est très gentil de ta part, mais si je perds.

Hélène : Quelle idée ! Je sais que tu vas tout donner.
Mais je ne comprends pas pourquoi la sophrologie,
Te permettrais de mentalement gagner,
Une compétition face à autrui ?

Isabelle : Moi aussi, je ne connaissais pas.
Et, Mardi, j'ai fais le premier pas.
J'en suis ravie car à la suite de notre rendez vous,
Je me sentais vivante, déterminée.
Maintenant, je me dois d'aller jusqu'au bout,
Pour évoluer et améliorer ma seule finalité.

Les deux femmes continuèrent de discuter, avec joie et bonne humeur. Isabelle regarde l'heure et doit vite partir.

Isabelle : Oh, excuse moi ! Je dois partir.
Mon mari m'attend, ce soir on doit sortir.
Il a vu un beau film au cinéma,
Une comédie où tu ne réfléchis pas.

Quelques temps plus tard, Isabelle et Jean arrivent au cinéma. Ils sont enthousiastes à l'idée de passer un bon moment ensemble. Isabelle raconte à son mari, la soirée passée avec Hélène.
Jean approuve complètement que sa femme reprenne le sport en compétition et la soutiens de tout son cœur.

Mardi, jour de consultation avec Mme MARINEAU, sophrologue, Isabelle attend tranquillement son tour dans la salle d'attente.

Mme MARINEAU : Bonjour, prenez place, comment allez-vous ?
Quels sont vos ressentis depuis la dernière séance ?

Isabelle : Tout va très bien je vous remercie.
Depuis la dernière séance, j'ai pris conscience,
D'un élément vital et d'une grande importance,
Ma respiration est plus calme et adouci.

Mme MARINEAU : Très bien, c'est une très bonne chose
Aujourd'hui l'intention de séance consiste à chasser l'anxiété.
Puis prendre du recul par rapport à la cause,
De toutes vos tensions générées par la compétition, l'extérioriser.
Par ailleurs, nous allons aussi éliminer les croyances négatives.
Éloigner les mauvaises expériences passées.
Et prendre conscience de votre capacité
A vous tranquilliser, vous apaiser, de manière positive.

Isabelle : C'est une belle séance que je vais faire !

La séance se déroule en deux temps, dans un premier temps, Mme MARINEAU propose deux exercices de respiration contrôlée dans le but de jeter l'anxiété et un deuxième exercice de détente musculaire afin d'effacer l'anxiété.
Puis dans un second temps, la séance continue et elle propose un exercice de sophronisation dans l'intention d'évacuer l'anxiété.

Mme MARINEAU : Et quand vous vous sentirez prête,
Vous pourrez ouvrir les yeux, car la séance est terminée

Isabelle prend son temps, puis se lève pour se rasseoir sur la chaise. Elle reprend petit à petit ses esprits.

Mme MARINEAU : Comment avez-vous vécu cette séance ?

Isabelle : Je me sens apaisée, détendue,
Comme si mon corps est léger
Je suis vraiment contente d'être venue
Ça me donne l'envie de recommencer.

La séance se termine avec un objectif de consultation réussit. Isabelle trouve que ces séances lui font du bien et espère atteindre son objectif même si elle sait que celui lui prendra encore du temps.
Elle quitte le cabinet avec un rythme cardiaque calme et une respiration apaisée.

Jour d'entraînement à la piscine, Isabelle rejoint son entraîneur, Marc, avec le sourire.

> Marc : Bonjour Isabelle, comment vas-tu ?
> Tu as l'air heureuse, tu es contente d'être venu ?

> Isabelle : Tout va bien, Marc, je te remercie.
> Grâce à toi et ton conseil sur la sophrologie.
> Je grandis et je sais que cela me servira,
> Bien plus que pour les compétitions.
> La sophrologie me fais avancer pas à pas,
> Dans ma vie de tous les jours, quelle gratification !

> Marc : Et ! Je suis content pour toi.
> Je le savais que cela te ferait du bien.
> Le physique et la technique c'est un droit,
> Mais le devoir de l'esprit t'apporte le gain !

Isabelle commence à faire quelques longueurs. Puis, Marc augmente le niveau et accélère les activités. Le groupe suit avec difficultés. Certains ont pris la décision de s'arrêter et reste confiné dans leur serviette de bain sur le banc, à regarder la continuité de l'effort des autres.
Pour Marc, un entraînement difficile signifie une guerre facile. Il vaut mieux souffrir maintenant que pendant le jour J.
Marc met fin au cours du jour et remercie chacun d'entre eux.

> Marc : Isabelle, je voudrais connaître ton ressentis.
> Comme as tu vécu les exercices d'aujourd'hui ?

> Isabelle : J'ai eu des difficultés à réaliser,
> Certains efforts dans leur continuité.
> Je pensais que la séance d'hier me suffirait.
> Mais en réalité je suis loin d'avoir gagné.
> Il faut encore des séances, du temps, on dirait.
> Mais je suis prête à fournir tous les efforts et changer !

Marc : Tu sais ce que j'apprécie chez toi.
C'est ta combativité et c'est pour ça que j'y crois.

Isabelle repart avec un sentiment remplit de positif en elle. Elle sait qu'elle peut compter sur les autres par rapport à ce qu'elle donne. Isabelle a compris que c'est en donnant aux autres, qu'elle reçoit bien plus. Cette motivation l'envahit.

Les jours passèrent et le temps de la quatrième consultation arrive. Isabelle rentre dans le cabinet et commence, sans que Mme MARINEAU s'exprime, à détailler sa semaine passée.

Isabelle : Je suis ravie de ce que je deviens.
Je ne sais quoi vous dire à part que je suis bien.

Mme MARINEAU : Ravie de vous entendre de cette manière !
Comme si vous respiriez un nouvelle ère.
Aujourd'hui nous allons avancer, de nouveau à deux,
Toujours et encore vers la sérénité.
La sérénité au quotidien c'est ce qu'on veut.
C'est pourquoi vous aller prendre conscience de votre capacité,
A pérenniser le bien-être retrouvé par les séances passées.

Isabelle : Nous allons donc ancrer la sérénité en moi ?
Comme si j'allais l'avoir tout le temps en moi ?

Mme MARINEAU : Rien n'est jamais acquis.
Ce n'est pas grâce à la sophrologie,
Que vous n'allez plus jamais être angoissé.
La sophrologie permet de gérer et maîtriser,
Les émotions négatives au fil des années.
Vous aurez les outils pour y travailler
Toute au long de votre vie et ainsi la simplifier.

Isabelle : Je comprends mieux alors !

Mme MARINEAU a choisis trois exercices de relaxation dynamique avec différentes intentions dont notamment le faite de diffuser et s'imprégner de la sérénité. Plus les exercices avancent et plus Isabelle ressent les effets de bien-être en elle. Elle se laisse complètement libre et réalise les exercices avec un lâcher prise de qualité.
Mme MARINEAU enchaîne la séance et passe à la phase de sophronisation dont le but est de fixer le calme en soi.
La visualisation se déroule parfaitement bien.

> Mme MARINEAU : Inspirez profondément pour vous dynamiser.
> Soufflez fortement pour relâcher, retrouver une respiration innée.
> Puis bouger progressivement vos mains, vos pieds...
> Et lorsque vous vous sentirez prête, vous pourrez ouvrir les yeux,
> Car la séance est maintenant terminée.

Isabelle met trois minutes à se lever pour retrouver la chaise, juste à côté du fauteuil utilisé spécifiquement pour la phase de visualisation.

> Isabelle : J'ai vécu une superbe séance.
> Je ne pensais pas avoir des capacités comme ça !

> Mme MARINEAU : Nous avançons ensemble vers votre but final.
> Et votre cheminement est des plus favorable.

La séance est terminée et Mme MARINEAU continue de questionner Isabelle afin de connaître réellement ses ressentis du jour. Chaque mot prononcé par Isabelle a une importance dans sa progression. Mme MARINEAU explique simplement que les séances seront de plus en plus intense. Ce n'est que la première étape de son évolution.

Isabelle ravit rentre chez elle, relaxée. Ses enfants sont dans le salon en train de regarder une série diffusée uniquement la semaine. Quant à son mari, il prépare le dîner. Jean est boulanger pâtissier et sa passion est de faire à manger.

Comme il passe ses journées au travail à réaliser des mets sucrés, il en profite le soir pour faire des plats salés. Ce qui satisfait toute la famille.

> Jean : Alors ma chérie, cette séance s'est bien passée ?
> Je trouve ton visage décontracté.
> Je pense que tu as du bien en profiter .
> Et tu as raison, si ça pourrait rester dans la durée.

> Isabelle : Oh oui, que c'est agréable de pouvoir être détendue.
> Je t'assure que je suis contente de l'avoir connu.
> Elle m'a changé mon regard sur la vie,
> J'ai l'impression d'être plus affranchi.
> Comme si je commençais réellement mon existence.
> Et que certaines choses prennent de l'importance.

> Jean : Quelles sont ces choses dont tu parles ?

> Isabelle : Et bien de toi par exemple, mon chéri.
> De mes enfants, mes parents, ma famille aussi.
> J'y suis allée avec un objectif bien précis.
> Mais je trouve, outre la partie sportive,
> Que cela m'apporte aussi d'une manière infini.
> Comme si ma vision sur la vie prend une autre forme.

Jean, Isabelle et leurs enfants dînent ensemble. Ils discutent ensemble de leurs journées respectives. Isabelle écoute et observe la scène. Elle arrive, à présent, à prendre du recul sur chaque situation de la vie. Elle regarde ses enfants et prend conscience de la chance de les avoir. Elle observe leurs gestes, cet appétit qu'ils ont, cette joie de vivre finalement. Puis elle prend le temps, de regarder son mari qui prend son rôle de chef de famille à cœur. Elle voit bien que malgré la maladresse de sa communication d'amour envers ses enfants, il donnerait sa vie pour eux.
Après cette courte bulle, elle revient dans la conversation encore plus épanouie.

La journée se termine. Jean et Isabelle se retrouve dans le lit conjugal.

Jean : Une bonne journée qui se termine.
Je suis heureux, tu as vraiment bonne mine.
Te voir aussi bien, aussi détendue,
Me rend aussi léger qu'une simple plume.

Isabelle : Oui mon amour, et moi je suis comblée.
Par tous ceux que j'aime, ma famille.
Vous êtes mes étoiles qui brillent,
Et je sens que mon moral est illuminé.
J'ai le sentiment d'avoir un mental d'acier.
Que rien ne peut me faire reculer.
Que chaque obstacle peut être surmonté.
Que chaque compétition sera gagnée.

EXPLICATIONS DE LA DEUXIEME HISTOIRE :

Le protocole de sophrologie a différentes phases. Après cette première séance, la personne arrive dans une phase où le sophrologue instaure deux étapes :

- Éloigner le négatif comme chasser les peurs, les angoisses, le stress... Le choix des exercices est important et la personne apprend davantage sur sa respiration, le lâcher prise...
- Installer le calme, la sérénité. Après l'étape d'éloigner le négatif, le sophrologue instaure cette étape de bien-être et amène du positif

En somme, le sophrologue a pour mission de repousser le négatif et d'intégrer le positif.

Concernant cette histoire sur le thème de la préparation mentale, il est fondamentale de passer cette étape avec réussite afin de poursuivre le protocole.

La préparation mentale concerne beaucoup de personnes : les sportifs, les artistes, les femmes enceinte, les étudiants, les jeunes conducteurs, les personnes qui vont passer une opération médicale... Toutes ces personnes qui vont passer un moment unique et/ou important dans leur vie et qu'ils veulent réussir.

Souvent les personnes qui pensent à l'avance, à leur examen, leur accouchement, leur compétition... ont tendance à ressentir des effets sur leur corps comme le ventre noué, la gorge serré, des tensions dans la nuque ou le dos, des crispations...

Grâce à la sophrologie, la personne va se préparer sereinement à l'objectif dont elle doit atteindre.

AMELIORATION DU SOMMEIL

Mercredi matin, 8 h, Louis part à son bureau. Il est agent immobilier sur la côte atlantique dans une station balnéaire. Il sait qu'il a une clientèle large et enrichissante. Il vend à la fois des biens immobiliers en résidence principale et en résidence secondaire.
Il arrive à l'agence et retrouve une partie de l'équipe : Léa et Arnaud.

Louis : Bonjour tout le monde! Comment allez-vous ?

Léa : Salut Louis, ça va bien et toi ?

Arnaud : Hey, bien et toi ?

Louis : Ça va, toujours mal dormi ou mal réveillé.
D'ailleurs, si ça vous dit, je vais faire du café,
On pourra bien commencer notre journée !

Léa et Arnaud suivent Louis dans la salle détente de l'agence. Ils prennent leur café tout en réalisant une petite réunion informelle.

Arnaud : Voilà un an, que j'essaye de vendre un appartement.
Je n'arrive pas à trouver le bon client.
A croire que je n'arriverai pas à le vendre,
Comme si personne ne voulait le prendre.

Léa : Tu veux que je t'aide ? Que je regarde l'annonce ?

Louis : Oui moi aussi, seul on fonce,
Mais à trois on va beaucoup plus loin.
Et ça ne mange jamais de pain.

Arnaud : Parfait, vous êtes super !

L'ambiance dans l'entreprise est excellente. Tout le monde s'entraide. Malgré cela Louis a des difficultés à dormir.

En effet, Louis consulte une sophrologue depuis environ un mois en lien avec ces troubles du sommeil. Il a du mal à s'endormir, et parfois se réveille dans la nuit avec des incapacités à se rendormir.
Il n'arrive pas à comprendre. Mais depuis un mois il sent un changement de rythme de sommeil. Il ne se réveille plus dans la nuit. Il se sent toujours fatigué au matin, mais sent que la quantité de sommeil a bien changé pour lui.

>Louis : Je dois aller à une visite ce matin
>J'ai rendez vous rue saint martin.
>Je vous laisse la boutique les amis,
>On se retrouve pour le repas du midi.

Louis retrouve le couple qui avait pris rendez vous pour visiter une maison dans un lotissement. Ils cherchent avant tout un patrimoine.

>Louis : Nous avons terminé la visite de la maison.
>Comme je vous l'avais dis, prenez le temps de la réflexion.
>Vous m'avez parler d'un coup de cœur.
>Prenez contact avec votre banque pour une proposition.
>Je reste disponible à toute heure.

Il est midi, et Louis retrouve ses collègues à la brasserie, pas loin de l'agence immobilière. Cette petite brasserie est le lieu privilégié des salariés du centre ville.

>Louis : Ma visite de ce matin sera peut être authentifier.
>J'espère pouvoir réaliser la demande des propriétaires.
>Sinon, j'ai faim, je vais vider le buffet.

>La serveuse : Bonjour, plat du jour, rôti de veau et pommes de terre.

>Léa : Et bien je prendrais simplement le plat du jour

>Arnaud : Du coup, trois plat du jour !

Arnaud : Je voulais te demander, tes séances de sophrologie,
Ça se passe comment, ça te change la vie ?

Louis : Je suis plutôt satisfait voir même surpris.
Je n'aurais pas pensé que ça pouvait jouer autant sur l'esprit.
Plus les séances avancent et plus je me sens libre,
Comme si je me vidais d'un poids dense.

Léa : C'est-à-dire ?
Qu'est ce que tu en penses ?

Louis : Pour vous expliquer brièvement.
Les séances que j'ai réalisé
Avait des intentions différentes.
C'est le but à rechercher.
Plus clairement,
Mon soucis principale est le manque de sommeil.
La sophrologue que je vois, suite à un bilan,
Réalise un « protocole » avec des exercices en éveil.

Tu as deux phases : des exercices de respiration.
Et des exercices de détente où tu es en action.
Puis arrive la deuxième partie où tu es semi allongé.
Et là elle te parle et tu ne fais que de l'écouter.
Après je ne peux pas vous l'expliquer,
Sans que vous l'avez essayé !
Car je peux vous assurer,
Qu'il y a une différence entre l'expliquer,
Et le vivre avec objectivité.

Arnaud : Je te posais la question, car mon enfant dort mal.
Et du coup, je voulais ton avis,
Mon ami.

Après l'entrée du buffet, la serveuse interrompt la conversation pour ramener les plats.

Louis : Pour répondre à ta question,
La sophrologue propose des séances de découverte,
Si ça peut te permettre d'avoir une opinion.

Arnaud : Ah oui ! C'est intéressant !
Je vais prendre un rendez vous pour mon fils.

Louis : Tiens voici sa carte.

Léa : Tu en as une pour moi aussi ?

Louis : Oui bien sur.

La journée se termine et chacun rentre chez soi. Louis habite une petite maison plein pied avec un petit jardin. Il aime son petit « cocon » comme il dit. Sa femme, Feani, est tahitienne et s'occupe d'une boutique en ligne de produits de son île.
Louis est heureux quand il rentre chez lui, il sait que son petit paradis est avec sa femme. Tous les deux sont fusionnels. Feani s'inquiète beaucoup pour Louis mais elle fait tout pour ne pas le montrer.

Jeudi, 16h, Louis va à son rendez-vous hebdomadaire, chez Mme MARINEAU, sophrologue.

Mme MARINEAU : J'arrive dans deux minutes, installez vous.

Comment allez vous ? Cette semaine s'est bien passée ?

Louis : Oui, ma semaine dans l'ensemble s'est bien passée.
J'ai souvent repensé à la dernière séance,
Où l'intention était de retrouver la vitalité.
J'ai eu l'impression de retrouver mon enfance.
J'ai un ami qui m'a demandé ce qu'était la sophrologie.
J'ai eu de la peine mais je n'ai pas défini,
Comme je l'éprouvais, comme je le ressentais.
C'est normal ?

Mme MARINEAU : Oui c'est normal d'avoir des difficultés,
A ne pouvoir expliquer ses émotions.
Il n'y a qu'une chose à faire : essayer.
Cela permettra d'avoir sa propre opinion.

Louis : D'ailleurs, je lui ai parlé des séances découverte.

Mme MARINEAU : Effectivement, si ça peut permettre,
De vivre la sophrologie et ainsi la connaître.

Nous allons commencer notre séance.
Aujourd'hui, une nouvelle étape dans votre progression.
Installer le calme vous en avez conscience.
A ce jour, vous aller jeter les ruminations,
Liées à votre travail au quotidien.
Puis vous allez créer une zone de tranquillité.
Et vous allez vous observer dans un état de paix.
Pour enfin remplacer l'énervement par le calme au quotidien.

Louis : Vos mots me parlent au plus profond de moi.
C'est incroyable comment vous me comprenez.
J'ai l'impression de débloquer quelque chose de confiner.
Et qui, à chaque séance s'ouvre à l'intérieur de moi.

La séance se déroule bien, Mme MARINEAU, lui propose 3 exercices dont un de respiration contrôlée et deux autres de détente musculaire. Louis lâche prise au fur et à mesure et commence à faire confiance en sa thérapeute. Il exécute les exercices contentieusement. Il ressent les bien faits. Une fois que Louis a terminé les exercices de relaxation dynamique, il part s'allonger sur le fauteuil puis se laisse complètement aller pour l'exercice de sophronisation.
Mme MARINEAU termine la séance. Louis prend le temps de s'éveiller puis va s'asseoir. Mme MARINEAU commence à questionner Louis sur cette séance particulièrement importante dans son cheminement.
Il prend le temps de réfléchir pour trouver les bons mots.

Louis : C'est vrai que je n'arrive pas à trouver les mots.
Mon corps est complètement détendu, décontracté.
Comme si, en moi, je n'avais plus aucun maux.
Comme si mes idées négatives se sont éloignées.

Mme MARINEAU : Gardez vos sensations de calme en vous.
Pensez à les stimuler tous les jours, notamment au coucher.
N'hésitez pas à reproduire les exercices chez vous.
Éloignez votre nervosité et gardez les sensations de calme procurées.

Mme MARINEAU, comme à chaque séance propose toujours de réaliser les exercices de relaxation dynamique chez soi et notamment les exercices de respiration qui peuvent se faire n'importe où, n'importe quand.
Louis prend en compte tous ses conseils et quitte la consultation serein. Il sait que pour y arriver, il doit aussi s'exercer quotidiennement et pas que pendant les séances. Pour obtenir son objectif final, il doit œuvrer tous les jours.

Vendredi matin, 8h30, Louis arrive à l'agence avec un large sourire.

Louis : Bonjour tout le monde ! Bien dormi ?

Léa : Oui bien ! Quelle enthousiasme aujourd'hui.
Si tu veux tout savoir oui j'ai bien dormi.

Arnaud : A vrai dire, j'ai pas beaucoup dormi,
Mais il fallait que je finisse ma série.

Louis : Ça faisait longtemps que je n'ai pas aussi bien dormi.
Hier, j'ai eu ma séance de sophrologie.
Après cinq séances, j'ai enfin compris
Que le plus difficile, c'est de lâcher prise.
Mais ce n'est pas simple, ça demande de travailler.
Et de vivre des émotions tellement puissant,
Que tu as l'impression enfin d'exister.

Arnaud : C'est parce que ta séance a eu lieu hier que tu dis ça.

Louis : C'est un ressenti plus fort que ça.
Ce n'est pas en une seule fois,
Que ta vie change aussi fort.
Il faut que je cultive encore
Et encore...

Arnaud : Par contre je vois que le résultat est là.

Louis : Oui, Arnaud, et ça me motive tellement.
J'ai l'impression d'être le plus grand.
C'est fou ce sentiment !

Léa : Je suis vraiment ravie pour toi.
Si tu peux trouver ton équilibre de la vie.
Je sais que c'est tous les jours un combat.
Mais quand tu savoures le résultat, ça donne envie !

Louis : C'est exactement comme ça que je vois les choses.
Dormir ça paraît bête, mais c'est tellement capital.
Quand tu ne connais pas la cause,
Tu ne sais pas de quelle manière combattre ce mal.
Quel plaisir de retrouver les choses simples de la vie.
Ça me file une pêche d'une force inouï !

Arnaud : Du coup on se boit quand même le café ?

Ils se mettent tous à rire, puis se dirige vers la salle détente.

Léa : Cette fois ci, Louis, je vais faire le café.

Louis : Pourquoi ?

Léa : Je pourrais, enfin, correctement le doser.

Louis a un nouveau regard sur la vie, mais surtout sur soi même.
Il accepte que les choses ne viennent pas sans effort.
Cette acceptation lui permet de grandir et de pouvoir dormir, sereinement, sans anxiété.
Mais en plus, de cet objectif à atteindre, Louis a une autre vision des choses et du quotidien. Il comprend la valeur de ce qui l'entoure et l'importance de l'esprit sur son corps.

EXPLICATIONS DE LA TROISIEME HISTOIRE :

Dans cette phase du protocole de sophrologie, le mot « capacité » prend toute sa place. En effet, en fonction des besoins, le sophrologue peut :

- accroître la concentration
- fortifier la confiance en soi
- s'affranchir
- prendre du recul par rapport aux douleurs physiques
- développer la mémoire
- favoriser le sommeil
- amplifier la détermination
- développer la vitalité...

Toutes ces capacités sont en chacun de nous.

Cette histoire relate la thématique de l'amélioration du sommeil, un sujet dont beaucoup de personnes vivent au quotidien.
Mal dormir est un sujet que beaucoup de personnes vivent régulièrement et qui pourtant joue sur notre état de santé. Les exemples sont nombreux : ne pas arriver à s'endormir, se réveiller en plein sommeil, se lever beaucoup trop tôt sans se rendormir...

Les problèmes liés au sommeil peuvent être une baisse de la concentration, difficulté de mémorisation, migraine... Ces effets peuvent aussi avoir un impact sur la vie familiale ou professionnelle.

Grâce à la sophrologie, la personne prend conscience de ces capacités et retrouve un sommeil de qualité.

GESTION DE LA PHOBIE

Maria, 36 ans, est une femme dynamique. Entrepreneuse, elle essaye de gérer une vie professionnelle et personnelle très riche. Professionnellement elle gère six restaurants, une chaîne vidéo sur internet, une communauté virtuelle et écrit des livres de recettes. Personnellement, elle est mère d'une petit fille, Louna. Elle est mariée à Juan Marco, 49 ans et vit dans une belle petite maison proche de l'océan atlantique.

Tous les deux sont des fervents du travail et aiment accomplir des projets qu'ils ont ensemble.

Cependant, Maria avait des angoisses, des difficultés à respirer par moment, des crispations dans le corps. Elle avait peur d'avoir peur, elle était phobophobique. Plus précisément, quand tout va bien, pour Maria, ce n'était pas normal. La peur d'avoir peur que tout s'arrête, d'avoir peur que la situation tourne mal...

Cette peur, Maria n'arrivait pas à la gérer jusqu'à ce qu'elle voit une sophrologue. Cela fait maintenant deux mois, qu'elle voit Mme MARINEAU.

Nous sommes le jeudi 30 mars, il est 14h00. Mme MARINEAU prend son premier rendez vous, Maria.

Mme MARINEAU : Nous allons commencer la séance.
Dites moi tous vos ressentis, vos émotions,
Tout ce qu'il se passe en vous, vos sensations.

Maria : Après plusieurs semaines de suivi,
J'ai l'impression de comprendre mon corps.
J'arrive à déterminer mes envies,
Et mes souffrances, mes efforts.
Comme si je prenais du recul face à moi.
Quand une situation me mets à défaut,
Je rebondis avec mon esprit de sang froid.
Et j'arrive à passer par dessus de ce fléau.

J'ai vraiment l'impression, d'avoir confiance en moi.
Je me pose moins de question, notamment le pourquoi.
Maintenant, mon regard a réellement changé.
Je suis vraiment déterminée à continuer,
Cette belle avancée avec moi même.
Et enfin récolter ce que l'on sème.

Mme MARINEAU : Je suis ravie de votre chemin.
Malgré les difficultés à lâcher prise,
Et votre avenir incertain,
Nous allons rajouter des outils dans votre valise.
En effet, la séance d'aujourd'hui,
A pour but de développer votre fierté.
Car nous allons, ensemble, toucher,
Votre estime, qui a une importance inouïe.
L'estime de soi est différent de la confiance.
L'estime et la confiance, c'est comme,
Le corps et l'esprit, une alliance,
Qui a besoin de l'un comme de l'autre, en somme.
Avoir confiance permet d'avoir l'estime de soi
Avoir l'estime permet d'avoir la confiance en soi.
Si vous êtes fière de vous même,
Alors votre confiance va grimper en vous.
Acquiescer le fait qu'on s'aime,
Permet de donner des ailes, d'être debout.

Maria : C'est vrai que je ne m'estime pas beaucoup.

Mme MARINEAU propose, aujourd'hui, trois exercices de relaxation dynamique dont les intentions sont : amener la fierté en soi puis la déployer et enfin l'observer. Ces trois exercices prennent plus de temps que d'habitude. Ils touchent profondément Maria qui a du mal à accepter qu'elle peut être fière d'elle même. Pour Maria, les choses doivent se faire car sinon personne ne le fera à sa place. Plus précisément, être fière de sa propre personne n'est pas dans l'éducation de Maria, elle, qui a toujours donné et qui a peu reçu.

Mme MARINEAU continue la séance et passe en deuxième phase : la sophronisation. Elle a préparé une sophronisation personnalisée ayant pour objectif de projeter les capacités de fierté ainsi que de sérénité.

La séance se termine et Mme MARINEAU en vue des obstacles rencontrés lors de la consultation propose à Maria, de libérer tout de suite ses émotions.

Maria : Cette sophronisation était incroyable.
J'ai eu l'impression de ne plus contrôler mon esprit.
Alors que pendant les exercices, c'était encore maîtrisable.
Cette séance n'a pas été simple, aujourd'hui.

Mme MARINEAU : L'intention de cette séance,
A vraiment toute son importance.
Dans les jours suivants, souvenez vous,
Des émotions vécus aujourd'hui.
Prenez du recul sur pratiquement tout.
Et vivez avec fierté votre vie.
A la semaine prochaine.

Maria : Je vous remercie.
Bonne après-midi et à Jeudi.

Maria rentre chez elle et rejoint son mari dans la chambre de Louna. Ils passent la soirée à jouer tous les trois. Après avoir couché la petite, le couple descendent dans la cuisine et prennent l'apéritif.

Maria : Dis moi, mon chéri, est ce que tu es fier ?

Juan Marco : Fier de ?

Maria : Fier de moi ?

Juan Marco : Bien sur mon amour !
Fier de toi, depuis toujours.

Maria : Moi aussi, je suis fière de toi.
Cette question vient de ma consultation.
L'intention de séance était l'estime de soi.
C'est très intéressant, je n'y portais pas attention.

Juan Marco : Tu peux être fière de toi même.
Tu sais, il est appréciable,
De pouvoir se dire « Je m'aime ».
Ce n'est pas désagréable.
Ne pense pas que ce soit égoïste,
Cela prouve simplement que tu existes.
Ta sophrologue a raison,
Et elle a bien fait de t'apporter cette intention.

Maria : J'ai du mal à recevoir, tu le sais.
Si maintenant, je dois m'apprécier,
C'est pas si simple que ça paraît.
Mais, je vais vraiment y travailler.

Nous sommes vendredi et Maria se rend à l'un de ses restaurants. Elle souhaite mettre à jour la carte des entrées. Après avoir saluer les employés de salle, elle se dirige dans les cuisines.
Le chef cuisiner, Roger, est ravi de la voir.

Roger : Maria ! Quel plaisir de te voir !

Maria : C'est gentil ça, moi aussi je suis ravie.

Roger : Que me vaut ta venue ?

Maria : Voilà, je souhaiterais rafraîchir la carte des entrées.
Dis moi, si cela te pose un réel souci.
J'aimerais réduire le choix et améliorer la qualité.
Je sais que tu es capable d'accomplir cette envie.

Roger : Aucun problème !

Maria passe trois heures dans le restaurant. Le chef cuisiner est ravi de son projet. Il trouve que cela le correspond davantage. Ils terminent leur réunion.

Roger : Je te remercie, tu as eu une excellente idée.
Enfin je vais pouvoir complètement m'exprimer.
La gastronomie est tellement enrichissante,
Et cette idée donnera une bouffée d'air importante.
Je trouve que tu es plus heureuse comme libérée.
Tu as modifié ton petit déjeuner ?

Maria se met à rire.

Maria : Non pas du tout, mon petit déjeuner,
Reste toujours identique, mais ma pensée,
Ma façon de voir les choses a bel et bien changé.
Se sentir plus forte, plus sûre de moi,
M'a permis de croire davantage en moi.
Et toutes mes peurs, aujourd'hui, je peux les contrôler.

Roger : Incroyable, tu m'étonneras toujours !

Maria se met à table avec l'ensemble de l'équipe et prend son déjeuner. Elle passe un très bon moment. Tout le monde rit, blague, discute dans une belle convivialité.
11h45, le restaurant va ouvrir ses portes, Maria s'en va pour aller à son prochain rendez-vous pour l'édition de son prochain ouvrage. Elle vient de finir son deuxième livre de recettes. Cette fois-ci, il s'agit de recettes de plat principal.

Elle arrive devant un grand bâtiment historique, qu'elle trouve particulièrement radieux. L'éditeur descend dans le hall d'accueil.

L'éditeur : Bonjour Maria, comment allez vous ?

Maria : Tout va très bien, et vous ?

L'éditeur : Bien, merci. Venez suivez moi.

Maria rentre dans son bureau. Un grand bureau avec des feuilles et des livres qui prennent toute la place. Cet homme, Paul, est un passionné de littérature. Pour lui, ce n'est pas un métier mais une passion avant tout. Il édite tous les ouvrages dont il a eu un coup de cœur, peu importe le style, peu importe l'histoire. Il ressent l'écrivain qui écrit avec son cœur.

L'éditeur : Je viens de finir ton livre avec envie.
Je vais réaliser chez moi quelques recettes.
Tes illustrations ont vraiment permis,
De donner du sens, un vrai boni.

Maria : Pensez vous que je dois le retravailler ?
Quelque chose, peut-être, à rajouter ?

L'éditeur : Je ne vois rien à redire, ni à changer.
Simplement la page de couverture à modifier.
Afin de la mettre en fonction,
De notre belle maison d'édition.
Voulez vous un café ?

Maria : Quelle belle nouvelle !
Pour moi c'est comme un deuxième bébé.
Merci, de lui donner la vie en tant que tel.
Je veux bien un petit café.

Maria et Paul prennent leur café avec gaieté. Ravi de cette réunion, Maria retourne chez elle. Elle aime ses projets qui se construisent et aboutissent. Dans la voiture, elle repense à sa journée, elle n'arrive pas à comprendre que ce positif puisse lui arriver, pourquoi elle ?
Elle ressent, par moment, ce sentiment de « ce n'est pas normal », cette peur, cette peur d'avoir peur. Au volant, les palpitations s'accentuent. Elle refait un des exercices de relaxation dynamique avec la respiration. Tout en conduisant, elle inspire par le nez puis

expire doucement par la bouche. Ses battements du cœur commence à reprendre un rythme normal. Elle se sent détendue et comprend qu'elle a réussi à maîtriser cette peur, ce qui la rend vraiment fière pour la première fois de sa vie.

Jeudi, 14h, Maria a son rendez-vous avec Mme MARINEAU.

    Mme MARINEAU : Avant dernière séance avec vous.
    Comment vous sentez vous ?

    Maria : J'ai pris beaucoup de recul en cette journée.
    Vos exercices de respiration, je les ai utilisé.
    Hier, dans la voiture, j'ai respiré
    Et d'un coup je me suis calmée.
    Comme si à partir de maintenant,
    Je pouvais maîtriser mes émotions,
    Mes peurs, mon corps, mes sentiments.
    C'est incroyable, de faire autant attention
    A une simple chose dans la vie, la respiration.

    Mme MARINEAU : Oui, on oublie les choses automatiques.
    Et pourtant, le corps est très bien fait.
    A tel point que même l'Homme n'aurait jamais
    Inventé notre propre machine autant fantastique.
    On ne soupçonne pas nos capacités corporelles.

    Maria : Je n'en reviens pas !

    Mme MARINEAU : J'en suis ravie.

    Maria : Quel est l'intention du jour ?

    Mme MARINEAU : Très bonne question !
    Nous allons rester sur l'estime de soi,
    L'accroître sera son intention.
    Je vous propose cette fois ci deux exercices.

En effet, Mme MARINEAU a prévu deux exercices de relaxation dynamique dont une vivance qui va lui permettre de prendre conscience d'une nouvelle existence.
Le symbole de cette vivance est la liberté.
Les deux exercices se passent très bien et Maria semble rentrer complètement dans chaque relaxation.
Mme MARINEAU passe ensuite à la phase de sophronisation. Cette fois ci, elle utilise le moment d'hier où Maria a été fière d'elle.
Puisque l'intention de l'exercice est de ressentir l'estime de soi.

La séance se déroule très bien. Maria n'arrive pas encore à prendre du recul sur le chemin qu'elle a fait avec Mme MARINEAU.
Il y a quelques mois, Maria s'empêchait de profiter de la vie à cause de sa phobie.
Cette phobie existe toujours mais Maria a trouvé les ressources nécessaires, en elle, pour maîtriser celle-ci.
Maria se remet doucement puis retourne à sa chaise.

Maria : Quelle séance !
Surtout avec la vivance !

Mme MARINEAU : Une vivance, est un exercice puissant.

Maria : Je l'ai bien ressentis.

Mme MARINEAU : Nous allons prendre rendez-vous.
Pour jeudi prochain, c'est bon pour vous ?

Maria : Parfait, c'était déjà noté.
Mais après, ça sera complètement terminé ?

Mme MARINEAU : Ne vous inquiétez pas
On en reparlera à ce moment là.

A la semaine prochaine !

EXPLICATIONS DE LA QUATRIEME HISTOIRE:

Lors de cette phase, la personne a vécu beaucoup de choses. Elle a parcouru un long chemin sur elle-même. Elle prend conscience de son changement par rapport à son quotidien.
C'est pourquoi, le sophrologue <u>renforce</u> les capacités de la personne.

Comme par exemple :

- vivre une journée pleine de vitalité
- renforcer la combativité
- vivre une représentation scénique optimale
- être fier de soi
- affirmer un nouveau comportement
- vivre l'examen du permis de conduire...

Sans le travail au préalable, la personne ne peut réaliser cette étape.

Cette quatrième histoire concerne la gestion de la phobie.
La phobie est un problème difficile à gérer au quotidien et lorsque la situation se pose sans que la personne le souhaite.
Une personne phobique peut ressentir des raideurs musculaires, des crispations dans le corps, des oppressions thoracique, une transpiration excessive, des palpitations...

Grâce à la sophrologie, la personne apprend à gérer ses émotions face à sa phobie. Elle peut, par exemple, prendre l'avion sereinement ou marcher sereinement à côté d'un chien... Il s'agit avant tout de contrôler les émotions négatives et maîtriser sa phobie.

GESTION DE LA COLERE

Au garage MINO, il est 9h00 et Gérard est en train de boire son petit café comme d'habitude. Gérard est mécanicien depuis trente ans. Il connaît son métier à la perfection et aime continuellement apprendre. Il a consulté Mme MARINEAU depuis environ trois mois et arrive aujourd'hui, à la fin de son protocole. Il a vu, en lui, un changement complet qui lui permet de vivre sereinement. Gérard était toujours en colère sans savoir pourquoi. Ce suivi avec la sophrologue lui a permis de comprendre pourquoi et comment gérer cette colère. Il a aussi compris que rien n'est acquis et qu'il s'agit d'un effort qui deviendra, à force de répétition, une habitude.

Avant d'aller à sa dernière séance, Gérard commence sa journée par un client habituel du garage, Monsieur ROUSSEAU.

Gérard : Entrez Monsieur ROUSSEAU !

Mr ROUSSEAU : Bonjour Gérard !

Gérard : Alors, que puis je faire pour toi aujourd'hui ?

Mr ROUSSEAU : Et bien, j'ai un voyant qui s'est allumé.

Gérard : J'arrive, on va voir ça tout de suite.

Mr ROUSSEAU : Tiens voilà les clefs.

Ils vont tous les deux au véhicule, puis discute ensemble. Gérard a tout de suite diagnostiqué le problème. Il met le véhicule dans l'atelier. Il commence à réparer, tout en continuant de discuter.

Mr ROUSSEAU : Je savais que tu allais trouver la panne.

Gérard : C'est un petit soucis qui est banal, ça aide.

Mr ROUSSEAU : Je vois que tu es calme.

Gérard : Oui c'est vrai que j'ai évolué positivement.
Voilà maintenant trois mois que je vois Mme MARINEAU.
Elle m'a permis d'appréhender les choses calmement,
Et en plus ça me rend plus beau !

Mr ROUSSEAU : Plus beau ? Comment ça ?

Gérard : Et bien j'ai rencontré une femme.

Mr ROUSSEAU : Félicitations ! Et c'est qui Mme MARINEAU ?

Gérard : Une sophrologue.

Mr ROUSSEAU : C'est quoi ?

Gérard : Moi aussi, je ne savais pas.
Et puis un jour je me suis renseigner.
J'ai lu des articles puis pas à pas,
J'ai décidé de prendre rendez-vous et j'ai réservé.
Elle te met à l'aise dès la première séance.

Mr ROUSSEAU : Trois mois, c'est long, quand même.

Gérard : Au début j'ai pensé comme toi.
Et finalement, j'ai compris pour quoi.
Devenir plus calme, ce n'est pas du jour au lendemain.
Et ce suivi sur plusieurs semaines,
Donne ce sentiment que quelqu'un vous tend la main.

Mr ROUSSEAU : En tout cas, elle a fait du bon boulot.

Gérard : Oui, c'est impressionnant
Ce changement.

Mr ROUSSEAU : Tu me donneras ses coordonnées.

Gérard : Pas de problème

En allant chercher certains outils, Gérard prend une carte de visite de la sophrologue.

Gérard : Tiens, elle a un site internet.

Mr ROUSSEAU : Tu as fais quoi pendant ces séances ?

Gérard : Pour te résumer brièvement,
Tu passes par différentes phases.
C'est un vrai accompagnement.
Tu avances case par case.
Pendant la première séance,
Tu fais un bilan complet.
Personnellement j'ai parlé de mon enfance.
Période de ma vie où ont commencé les problèmes.
Après tu évacues les tensions,
Chaque étape est importante.
Éliminer toutes ces pressions,
Permet de te concentrer et que rien te hante.
Et puis au fur et à mesure,
Tu te sens plus léger.
Comme si toutes les blessures,
Commençaient à s'effacer.

Mr ROUSSEAU : Mais c'est vraiment magique.

Gérard : Il est vrai que le résultat est impressionnant,
Mais le travail sur soi est constant.

Mr ROUSSEAU : En tout cas, je n'en reviens pas,
De te voir comme ça !
Tu continue à la voir ?

Gérard : J'ai ma dernière séance demain.

Mr ROUSSEAU : Tu me raconteras ?

Gérard : Pas de problème.

Gérard et Mr ROUSSEAU termine de discuter. Mr ROUSSEAU paye sa réparation et repart.

Gérard est comme libéré d'expliquer ce qu'il a vécu pendant ces trois mois. Il extériorise ses pensées et cela lui procure un sentiment de bien-être. Il termine sa journée comme il a commencé, sereinement.

Le lendemain, Gérard ouvre son garage que le matin. En effet, il a pris son après-midi pour apprécier son rendez-vous avec Mme MARINEAU.

14h00, le dernier rendez-vous arrive enfin pour Gérard. Impatient, il rentre dans le cabinet.

Mme MARINEAU : Bonjour, voici notre dernier rendez-vous !

Gérard : Oui et j'ai un pincement au cœur.

Mme MARINEAU : Ah bon ? Et que ressentez vous ?

Gérard : Cette peur que tout soit terminer,
Et de laisser un plein se vider.
J'ai l'impression que je vais sauter,
D'un pont seul sans être accroché.
Vous pensez que je suis vraiment prêt ?
De pouvoir continuer d'avancer,
Seul et sans sécurité ?

Mme MARINEAU : Oui, vous êtes capable d'y arriver.
Ce chemin, c'est vous qui l'avez emprunter.
Vous avez longuement marché,
Parfois vous avez même hésité,
Mais vous avez réussi à le terminer.
Les obstacles vous les avez surmontés,
Les craintes vous les avez dépassées.

L'accompagnement, nous allons le valider.
Vous allez prendre conscience de votre capacité,
A communiquer calmement au quotidien.

Gérard : C'est l'intention du jour ?

Mme MARINEAU : Tout à fait !

Mme MARINEAU a préparé pour cette dernière séance, trois exercices de relaxation dynamique, dans les buts d'observer son évolution, d'ancrer de nouveaux appuis et de sentir le calme dans son corps.
Les exercices se passent très bien. Gérard est complètement en osmose avec les intentions. Chaque geste qu'il effectue, chaque respiration qu'il réalise... Il les vit avec profondeur.

Maintenant, Gérard s'installe dans le fauteuil. Mme MARINEAU a prévu un exercice de sophronisation permettant de se projeter dans le futur où il raconte, à son petit filleul, le chemin pour réussir à échanger calmement au quotidien. Le but de cette exercice est de vivre la transformation entièrement.

La séance est sur le point de se terminer.

Mme MARINEAU : Nous avons terminé la séance.

Gérard : Ça va drôlement me manquer.

Mme MARINEAU : Les séances ou votre vie d'avant ?

Gérard : Les séances bien sûr !

Mme MARINEAU : Il y a donc bien un avant et un après ?

Gérard : Oui !

Mme MARINEAU : Si vous ressentez un manque de détente
Ou plutôt une envie de détente.
Je peux vous proposez des séances bien-être,
En individuelles ou collectives.
Si cela peut vous permettre,
De terminer votre transformation active.

Gérard : Quels sont les intentions de ces séances ?

Mme MARINEAU : Installez le calme, par exemple.

Gérard : Oui effectivement, ça me plaît.

Mme MARINEAU : Comme vous voulez.
Mon but est d'atteindre votre objectif sans reculer.
Mais je ne laisse jamais tomber,
Les personnes qui ont été guidé.
Si vous ressentez le besoin de continuer,
Je resterai présente quand vous voulez.

Gérard : Je vous remercie pour tout !

Mme MARINEAU : C'est avec plaisir, ce plaisir de mon métier.

Le fait que Gérard sait qu'il peut toujours compter sur Mme MARINEAU lui fait un bien fou. Il n'est pas encore prêt et n'aime pas les fins d'histoires. Malgré son changement positif et sa prise de conscience par rapport à lui-même, il avait du mal à comprendre que tout s'arrête.

Gérard quitte le cabinet avec un léger pincement après tout ce qu'il a vécu, mais il sait qu'il s'agit d'un « au revoir » et non d'un « adieu ».

Soulager, il rentre chez lui et passe la soirée a se remémorer le chemin parcouru depuis le début. Il n'en revient toujours pas, des capacités qu'il a en lui.

Nouvelle journée de travail pour Gérard. Il est 10h00 et comme promis, Mr ROUSSEAU est revenu voir Gérard pour qu'il lui explique comment s'est passé cette dernière consultation.

Gérard : Cette séance s'est super bien passée !

Mr ROUSSEAU : Je n'en reviens toujours pas.

Gérard : De quoi ?

Mr ROUSSEAU : De ce changement depuis que je t'ai vu.

Gérard : Hier soir, j'y ai repensé et moi non plus.
Tu sais l'esprit peut être tordu,
Le jour où tu prends conscience que tu peux le mettre droit.
Alors tu vois clair comme si c'était simple.
On se met tellement de barrières, de lois.

Mr ROUSSEAU : Tu crois que ça vient de nous ?

Gérard : Nous sommes acteurs de notre propre vie, oui.

Mr ROUSSEAU : Mais il existe des événements,
Qu'on ne choisit pas vraiment.

Gérard : Oui c'est vrai, mais notre regard est important.
Bizarrement quand on pense positif, tout va bien.
Quand on pense négatif, tout va mal quotidiennement.

Mr ROUSSEAU : Ce n'est pas si évident.

Gérard : C'est ce que je pensais avant.
Que c'est mon caractère, que je suis « comme ça ».
Mais c'est tellement facile de ne pas faire d'efforts, n'est ce pas ?

Mr ROUSSEAU : Oui et non.

Gérard : En réalité, nous n'utilisons pas toutes nos forces.
Et nous nous arrêtons à la blessure de l'écorce.
Sans penser que la sève à l'intérieur,
Ne s'obtient pas sans se battre et y mettre son cœur.
Quand je lisais ou je voyais les histoires des autres,
Je me suis posé une question toute simple :
ET SI C'ETAIT MOI !

EXPLICATIONS DE LA CINQUIEME HISTOIRE:

La dernière séance du protocole de sophrologie est la phase finale ou la personne affirme son objectif smart et le vit au quotidien.
Cette dernière séance permet de valider l'accompagnement et de prendre conscience de la capacité à :

- dormir sereinement
- être facilement attentif
- être serein au travail
- communiquer calmement
- être au maximum lors d'une compétition
- mieux vivre les traitements médicaux...

Dans cette cinquième histoire, la personne a des difficulté à gérer ses émotions et notamment la colère. La gestion des émotions est important au quotidien. En effet, ces émotions négatives entraînent des problématiques avec ses amis, ses collègues, sa vie de famille...

Les symptômes physiques et psychiques sont le plus souvent :

- des douleurs dans le dos
- tensions musculaires
- maux de tête
- fatigue
- accélération cardiaque...

Grâce à la sophrologie, les personnes retrouvent des capacités de patience, de sérénité qu'elles arrivent à exprimer. Elles se sentent libérées.

CONCLUSION ET REMERCIEMENTS

Pour conclure, la sophrologie permet d'avancer dans sa vie malgré les obstacles de celle-ci.
Apprendre à connaître son corps permet de comprendre ses réactions face au stress, à l'anxiété, à la peur, à la colère...
Ainsi, en connaissant nos capacités, nous pouvons gérer les problématiques quotidiennement.

N'hésitez pas à me contacter par mail à l'adresse suivante :
sophrolumineau@outlook.fr

Je souhaite remercier mes proches, les personnes suivies au cabinet ou à domicile, aux personnes venues lors des séances collectives.

REFERENCES

VEUX TU SAVOIR QUI TU ES ?	2014
CARPE DIEM (CD)	2019

©2021, Marie Lumineau

Édition : BoD – Books on Demand,
12/14 rond-point des Champs-Élysées, 750008 Paris

Impression : Books on Demand GmbH, Norderstedt, Allemagne

ISBN : 978-2-3222-6087-4

Dépôt légal : Janvier 2021